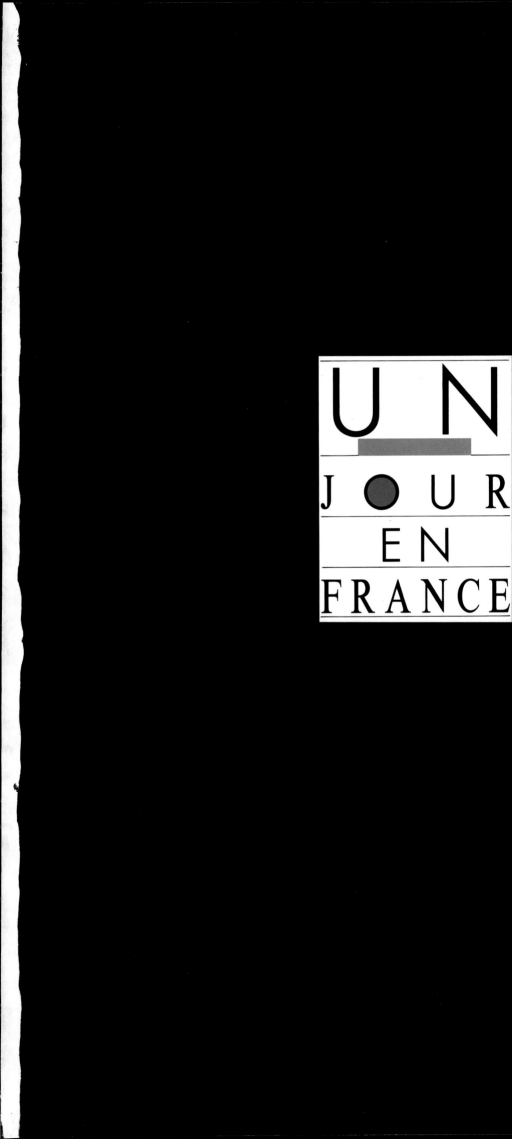

UN
JOUR
EN
FRANCE

Cet emplacement
est réservé à votre photo préférée
parmi celles
que vous avez prises
le 16 juin ou en 1988.

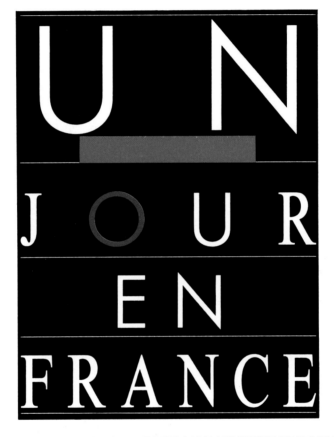

UN JOUR EN FRANCE

PHOTOGRAPHIES PRISES PAR LES FRANÇAIS EN UNE SEULE JOURNÉE

PRÉFACE
EMMANUEL LE ROY LADURIE

HACHETTE • CHÊNE

Roger Thérond (PARIS-MATCH)

Bernard Pivot

René Develay et Michel Decron

Robert Hossein

René Develay (FUJI FILM France)

Bruno dalle (EUROPE 1)

Martine Franck et Bernard Pivot

Mireille Darc et Roger Thérond

De gauche à droite, Robert Hossein, René Develay, Michel Decron, Emmanuel Le Roy Ladurie, Martine Franck
(Madame Henri Cartier-Bresson), David Campbell, Bettina Rheims, Roger Thérond, Mireille Darc, Bruno Dalle, Bernard Pivot.

Michel Decron (PHOTO)

Bettina Rheims

Martine Franck et Emmanuel Le Roy Ladurie

Mireille Darc, Bettina Rheims, Martine Franck

Martine Franck et David Campbell

La légende des Rockefeller rejoint celle des Wendel

La société new-yorkaise Rockefeller and Co va entrer, à concurrence de 20%, dans le capital du holding familial Marine Wendel. Le mariage, annoncé hier, aura lieu cet été.

C'est aussi beau que le carnet mondain du Figaro : les Rockefeller vont épouser les Wendel. Annoncées hier par les deux familles, ces fiançailles devraient se concrétiser par une augmentation de capital du holding Marine Wendel. Elle sera pratiquement souscrite par la société de conseil en investissements Rockefeller and Co. Les Américains injecteront environ 500 millions de francs, devenant le cinquième du groupe.

Le symbole de la fortune à l'américaine vient poser un pied chez le maître de forges. Jean-Martin Wendel, qui a fondé en 1704 en ouvrant une forge à Hayange, sous Louis XIV. La famille a, depuis, conservé son domaine d'origine : l'acier lorrain.

La crise de la sidérurgie, la masse des dettes accumulées ont alors conduit à la nationalisation du secteur, c'est-à-dire pour les Wendel. Les polémiques développées à cette époque sur le rôle des familles dans la débâcle industrielle n'ont pas empêché les Wendel de...

Ernest-Antoine Seillère de Laborde-Wendel, huitième descendant de la dynastie, prend les commandes. Diplomate, ancien conseiller de Jean-François Delmas à Matignon, il va remonter le holding familial, Marine Wendel. Son capital est détenu à 60% par les 350 descendants du dynaste, le restant se répartissent dans le capital. Wendel possède deux joyaux : la compagnie générale d'investissement et de gestion, bâtie en 1978 sur les ruines de l'ancien groupe de Wendel, et les forges et aciéries de Dilling en RFA. La CGIP possède à son tour un tiers du capital de Cap Gemini Sogeti, le leader européen des services informatiques, la moitié des ciments Cedest et de Carnaud, leader européen de l'emballage, un quart de la banque Démachy, et diverses autres participations.

La CGIP a réalisé 10 milliards de chiffre d'affaires l'an dernier, pour 550 millions de francs de bénéfices. En 10 ans, Seillère a rénové totalement le patrimoine familial, l'a replacé sur des secteurs d'avenir, très rentables. Il est même aujourd'hui un des hommes qui montent au CNPF : il est président de sa commission économique, et fait partie des successeurs potentiels de François Périgot.

Le groupe va donc recevoir des moyens supplémentaires pour investir dans de nouveaux domaines, et participer aux augmentations de capital dont auront besoin ses filiales. L'éparpillement des membres familiaux rendait sans doute l'appel à... Rockefeller and Co, société... de la famille Rocke... augmentation... par une...

intérêts importants dans la banque Chase Manhattan, et pèserait son milliard de dollars.

Vues de profil, les deux dynasties se ressemblent un peu. Elles ont également une façon commune de renouveler leur richesse : rechercher les futures grandes entreprises de demain, pour y investir. C'est le capital-risque. Venrock, du groupe Rockefeller, avait décroché le jackpot en investissant dans les micro-ordinateurs d'Apple. La CGIP, elle, est entrée dès 1974 dans Sogeti, grâce aux Lazard qui avaient apporté l'affaire. Depuis, la petite entreprise est devenue grosse et a soutenu leur fortune. La filiale de Marine Wendel, spécialisée dans le capital risque, Orange Nassau, en prospectant en Asie du Sud-Est aurait ainsi lié connaissance avec son équivalent rockefellérien. La suite se concrétisera en juillet.

Claude SOULA

...del. nouveau

Désignation des valeurs	Cours préced.	Cours du jour

vote en direct

Moscou, de notre correspondant

C début de la semaine dernière, la prochaine (Parlement) de la République soviétique d'Arménie avait été réuni...

2e EDITION NOUVELLE SE

ton

OU ET JACQUES LAFLEUR

LE TROGLODYTE

A l'inverse de Ri
Augiéras est to
escapades afr
refuge dans le
son Périgord
anachorète i
1971. Lire i

CENT
GRO
SAN

les canaques et
eau du Premier

"POI SON EN SOLITAIRE"

HORIZONTALE
MENT : 1. Ch

CRUCI'HAL N° 3231

CINEMA
Nouveautés

SOLUTION 3230

MEHO

L'annonce faite à Cati

J O U R n u i t

Les Éditions du Chêne offrent dans ce livre un «grand jeu» de photographies prises par des amateurs; elles symbolisent, résument ou synthétisent à elles toutes une certaine vie quotidienne en France, telle qu'elle se déroulait... le 16 juin 1988. Ce recueil présente, à mon point de vue, un double intérêt. En tant qu'historien, j'apprécie de pouvoir ainsi «jeter un œil» sur les activités ou perceptions au jour le jour de nos contemporains. Comme administrateur général de la Bibliothèque nationale, je suis sensible, d'autre part, à l'honneur que reçoit celle-ci, puisque les droits d'auteur du présent ouvrage seront entièrement versés au grand établissement de la rue de Richelieu, dans le cadre d'opérations de mécénat, tout à la fois utilissimes et exemplaires.

Le premier chapitre, «parler et échanger», donne à voir quelques médiateurs de la transmission des gestes, des paroles, des signes. Le casse-croûte (saucisson, vin rouge,...), le maquillage mutuel, l'utilisation de cette vieille arme photographique qu'est le Rolleiflex, le port d'un nez de clown, l'exhibition des punks avec pantalons en peau de léopard et crêtes de coqs, sont autant de prétextes à visualiser nos concitoyens dans l'opération des échanges mutuels, élémentaires, symboliques; ceux-ci se réduisant parfois au silence, dans le cas des voyageurs du Métropolitain!

Le thème «Voir la campagne et la nature» introduit un premier échantillon

d'histoire rurale par le biais de ce qu'on pourrait appeler «Aperçu des paysages et paysans». On retrouvera ensuite ceux-ci ou ceux-là dans la section «Travailler». Le moulin à vent et l'agriculture en terrasses évoquent, en un tel cadre, la mise en valeur campagnarde de type ancien. Les balles de paille pressée, les bidons de lait métalliques connotent une modernité plus évidente. Le colza et les vignobles jalonnent la longue durée des plantes cultivées, sans référence particulière à un siècle précis, le nôtre ou celui des aïeux. La tuile dite romaine et la fenêtre Renaissance renvoient à des architectures qui volontiers tirent l'œil de l'amateur, sans plonger pour autant dans un Moyen Âge trop

INDRE-ET-LOIRE, VILLAIN Cyril, 21 ans, graphiste publicitaire.

◄ GIRONDE, COUSTEAUX Gilbert, 34 ans, magistrat.

brumeux. La draille de transhumance parcourt la montagne. Les séquences aquatiques, fluviatiles, maritimes sont concrétisées par le barrage hydraulique, par la désuète cabine des plagistes, par le bateau caboteur et les huttes des bords de mer.

« Rire et pleurer », ou plutôt... rire et sourire. Nous ne disposons pas, nous autres chroniqueurs du temps jadis, d'une historiographie du sourire, même si par ailleurs la mode a donné lieu, ces temps-ci, à d'innombrables manuels d'étude des époques passées, quant à ce que fut tel ou tel sentiment : la pudeur, la peur, etc. Le sourire de l'homme d'hier est, de temps à autre, sur nos photographies du moins, édenté ! Pourtant il ne manque pas de charme... en l'absence des prothèses adéquates. Le rire est multiracial ; il associe l'enfant noir, le Maghrébin, l'Européen. Le décor qui sous-tend les personnages rieurs n'est pas non plus indifférent, qu'il s'agisse d'un champ de tulipes jaunes, ou, en toute dignité, du château de Chambord. L'un des auteurs propose même le portrait humoristique d'un jeune et vigoureux Manneken-Pis.

La ville est conçue comme paysage minéral, ou désert de pierres, plus encore que ne l'exigerait le « topos » citadin. Éloquents à cet égard sont les escaliers publics des rues des communautés du Midi, faisceaux de marches dont à coup sûr le bitume est absent. L'iconographie s'adapte aux générations successives des structures urbaines : l'horloge, le quai, la fontaine (même moderne) sont liés aux préoccupations multiséculaires des édiles de nos cités. L'architecture en fer ou en fonte, typique de la révolution industrielle, est présente par le biais des ponts et des gares. Les villes nouvelles ou les nouvelles formes des villes donnent à voir outre d'interminables parkings, le cylindrage multicolore des nouveaux immeubles collectifs.

Voyeur ou visionnaire, le témoin des villes aime aussi à songer. De ce point de vue, les pages dédiées à « Dormir ou rêver » se lient volontiers à quelques schémas sociologiques. Le couple des dormeurs dans une pièce nue incarne, à vue de nez, un certain misérabilisme qu'agrémentent cependant deux bicyclettes, garées contre des bois de lit. Les Gitans, qui sont venus, au XIVe siècle, du sous-continent indien (via l'Égypte), font aujourd'hui encore, pour certains d'entre eux, tracter leurs roulottes par des chevaux. Sans doute a-t-il fallu bien des efforts au preneur d'instantanés pour rencontrer ces « bêtes équines ». Ladite roulotte est pourtant munie de pneumatiques de dernier modèle. L'archaïsme en notre siècle n'est donc plus perceptible à 100% d'authenticité! On le rencontre intégral dans quelques-uns de nos tableaux agricoles (ci-après), sous les auspices d'une charrette à bœufs, avec joug et roues de bois jantées de fer; elle illustre la Dordogne de Papa ou même de Grand-papa. Que de vieillards dans ces représentations d'évanescente rusticité! Pour en rester aux civilisations non agricoles, notons au passage un travailleur de la voirie, né sous les tropiques et qui s'affaire en pleine rue, dans nos zones tempérées, sur un goudron brûlant. Les prostituées, pour leur part, se chargent d'assurer la transition entre le plus vieux métier du monde et la clientèle masculine du XXe siècle; elle est incarnée, au volant, par divers automobilistes mâles en médiocre goguette. Les géographies régionales imposent leurs solutions: la terre est toujours basse au gré des travailleuses cassées en deux; mais la marchande de fleurs est bel et bien «située» sur son marché flottant; elle conduit et stationne une barque, au fil des anciennes traditions qui caractérisent le marais poitevin.

Le maître Georges Dumézil aimait parler des «trois fonctions» qui lui doivent leur célébrité; il les accommodait volontiers aux diverses sociétés d'Eurasie, dont la nôtre; leur trio classique se décompose en fonction de production et de fécondité; rôles militaires; domaines enfin de justice, de souveraineté, de religion. Bref, ceux qui produisent; ceux qui combattent; ceux qui prient Dieu et gouvernent les hommes. Nos photographes ont largement mis en cause, au premier niveau ci-dessus mentionné, la productivité comme l'économie. Reconnaissons en revanche qu'ils ne se sont guère intéressés aux questions militaires ni aux individualités combattantes. Un cheval de selle apparaît bien dans nos collections, mais nul dragon ni hussard ne le surmonte. Cet animal n'est monté que par un chômeur. Le personnage ainsi «désoccupé» n'a rien de belliqueux. Il proclame simplement, avec la conviction qui s'impose: «Je veux du travail, téléphonez donc au 59.33.85.01.» Tout au plus notera-t-on, dans le registre de la

PARIS, LE ROY Philippe, 32 ans, cadre de banque.

12

LOT, SAINT-CÉRÉ, DUPESSEY Florent, 26 ans, instituteur.

défense, l'occurrence de policiers procédant à des vérifications d'identité auprès de conducteurs de voiture. On est bien loin, même et surtout dans ce cas, du militarisme français qui fleurissait à la Belle Époque. Il n'est pas question non plus, dans le présent ouvrage, d'évoquer la force de frappe nationale. Est-ce parce qu'elle est secrète, ou trop éloignée de l'hexagone ? Ou parce qu'elle est peu digne, vraisemblablement, au gré des opinions de nos photographes, d'être placée face à leurs objectifs ? S'agissant enfin des fonctions de prière, d'information, de réflexion disons que le phénomène religieux, si important dans l'histoire des groupes humains (mais non pas il est vrai dans nos pays, qui se veulent libéraux et agnostiques), disons donc que ce phénomène n'est guère représenté que par une vieille dame sur un banc d'église. Les bibliothèques, en revanche, ou du moins les salles de lecture, sont illustrées en leur solide fraîcheur, en toute juvénilité du « lectorat ». Un étonnant ensemble journalistique, sous l'œil d'un lecteur bizarrement chapeauté, regroupe, en recto-verso d'un grand quotidien matutinal, les sujets les plus variés : éclatement d'un parti politique, Nouvelle-Calédonie, conflits irano-irakiens, fusée Ariane, délinquance sportive, drogue, et même Buffon... Difficile d'en dire davantage en moins de titres, face au couvre-chef farfelu d'un consommateur de gazettes.

Une méditation conclusive nous vaut un atterrissage en douceur dans le secteur émotionnel (aimer) et même dans la vie non humaine (les animaux) ! Les photographes, en règle générale, ont évité les sujets scabreux ou considérés comme tels. Les variations innombrables de l'amour se jouent à quatre générations (nous disposons d'un arrière-grand-père flanqué de sa très lointaine progéniture, ainsi que d'arbres généalogiques à deux ou trois niveaux : grands-parents et petits-enfants, parents et enfants). Les couples sont sages, du moins ceux qui furent reproduits dans la sélection définitive de ce livre. Le prêtre est, comme il se doit,

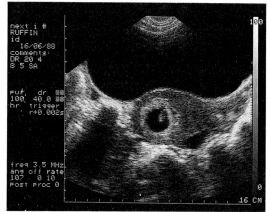

célibataire, dialoguant avec un oiseau. La vie animale est presque uniquement représentée par les bêtes à caractère domestique (cygnes, chats, canards, vaches, ânes et chevaux). Avec des bouquetins, des pélicans, on s'évade pourtant vers une certaine sauvagerie. Elle n'est pleinement réalisée que par les insectes: libellules, papillons gracieux, plutôt que fourmis ou guêpes mordantes et piquantes.

Deux mots, maintenant, par-delà ce bel ensemble, sur la Bibliothèque nationale, réceptrice, en fin de parcours, des droits d'auteur du présent ouvrage. Les médias ont parfois exagéré les difficultés que traverse actuellement l'importante institution que légua l'Ancien Régime. Nos projets d'avenir et les solutions que nous envisageons d'apporter aux difficultés de la BN concernent des secteurs variés sur lesquels je ne puis donner ici que d'assez brèves explications. Se pose d'abord le problème de l'extension des locaux, mais le projet capital qu'énonçait récemment le président de la République apportera sur ce point, dans un cadre grandiose, les éléments décisifs d'appréciation. Le second axe concerne l'information bibliographique ou, en termes plus simples, les questions de l'informatique à la Bibliothèque nationale, inséparables du reste d'une certaine pénétration de l'ordinateur parmi les autres bibliothèques françaises. D'ores et déjà, les résultats acquis sont spectaculaires, que le grand public tend à sous-estimer. Une véritable révolution technologique est en cours dans les bibliothèques; celles-là même que les amateurs de livres, voire les non-lecteurs s'imaginent aujourd'hui, bien à tort, comme vouées à un empoussiérage définitif. Dans la salle des catalogues de la Bibliothèque nationale, plus de six cent mille notices (où «fiches» individuelles de titres de livres) sont désormais disponibles sur les écrans qui sont réservés aux lecteurs dans l'emplacement de consultation ad hoc. Bientôt, on passera à un million de notices; c'est l'ensemble du catalogue des périodiques imprimés (depuis les ouvrages arrivés en 1970 jusqu'à ceux d'aujourd'hui) qui sera mis à la portée «électronique» du grand public.

Un troisième secteur concerne la sauvegarde du patrimoine écrit, qu'il soit imprimé ou manuscrit. Nous ne vivons plus certes, dans les époques reculées où des supports d'une longévité remarquable permettaient de transmettre sans souci aux générations futures le message des siècles antérieurs; ces supports pouvant être la brique mésopotamienne, à vrai dire encombrante, le parchemin médiéval ou même le papier de chiffon des années Louis XV, remarquable par sa résistance. Le papier à base de pâte de bois, intronisé par les éditeurs et par les imprimeurs au milieu du XIXᵉ siècle, est sujet à l'acidification rapide et meurtrière, quelle que soit l'ancienneté ou la modernité des bibliothèques dans lesquelles on le conserve: plus d'un million de volumes à la BN sont ainsi menacés d'autodestruction lente ou rapide. Les droits d'auteur de l'ouvrage photographique que je préface aujourd'hui iront donc en priorité à la restauration ou à la reproduction des œuvres ainsi fragilisées. Ils seront destinés aussi à financer la sauvegarde d'un certain nombre de précieux manuscrits, hérités du Moyen Âge ou de l'époque moderne. Parmi les textes en cours de restauration ou promis à la restauration que l'argent recueilli devrait nous aider à rénover définitivement, citons, avant Gutenberg : le *Bréviaire de Philippe le Bel* (restauration en cours) ; l'*Évangéliaire de Charlemagne* ; le *Bréviaire de Salisbury* créé jadis pour le duc de Bedford à la fin du Moyen Âge ; et l'*Apparition de Jean de Meung*, exemplaire du roi Charles VI qui fut donné ensuite par le Sieur de Gruthuyse à Louis XII. Ces trois derniers objets sont entièrement à restaurer. Du côté des manuscrits plus récents, mentionnons dans le même esprit, les lettres et les albums de Baudelaire, l'album de souvenirs de Musset, les poèmes de Rimbaud, les fragments et pièces diverses de Villiers de l'Isle-Adam, énumération incomplète mais assez suggestive.

Parmi les livres imprimés, au sens technique de ce terme, qui sont «en péril», indiquons, sur le chantier des souhaitables remises en état : les *Calligrammes* de Guillaume Apollinaire (éditions du Mercure de France, 1918) ; la *Lampe d'Aladin* de Jean Cocteau (1909) ; les *Soliloques du pauvre* de Jehan Rictus (1896), illustrés par Steinlen ; la *Vie unanime* de Jules Romains (édition de 1908) ; les *Cahiers de la Quinzaine* de Charles Péguy bien sûr, conservés à la réserve et qui ne sont plus dans l'état de fraîcheur ou d'intégrité qui s'imposerait.

Mentionnons enfin, les *Blasons* de l'auteur quelque peu oublié qu'était Dominique Méon, bel ouvrage en capilotade, mais réparable, dont l'un des nombreux mérites est d'être relié aux armes de Napoléon III.

Dans ces conditions, l'acheteur (qui sera aussi le contemplateur) des collections ci-après en 350 photographies, pourra se féliciter des vertus de son «acquêt» ; grâce à lui, divers chefs-d'œuvre du temps passé seront transmis avec plus de sûreté, de solidité , de pérennité, aux lecteurs du XXIᵉ siècle et cela dans l'espace des magasins ou rayonnages de la BN, dont nous espérons qu'ils seront bientôt rénovés eux aussi, rajeunis, rendus compatibles aux demandes d'une impérieuse modernité. Avis par conséquent à tous ceux, et ils sont nombreux, qui désirent que soit «réparé», au meilleur sens du terme, l'extraordinaire patrimoine de la Bibliothèque nationale. EMMANUEL LE ROY LADURIE

le 16 Juin 1988,
prévenu,il arrive sur les lieux,
le cambrioleur lui avait volé
2000ᶠ et lui tire
une balle dans la tête.

15

LOIR-ET-CHER, DEBOEY Maryvonne, 26 ans, employée de bureau.

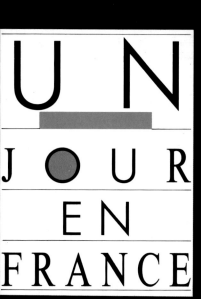

AIN, BAREL Thierry, 27 ans, ingénieur.

EURE-ET-LOIR, DUFOUR Dany, disquaire.

DORDOGNE, CAUCHOIX Denis, 35 ans, sans profession.

VAUCLUSE, DOEUR Jany, 17 ans, étudiante.

BAS-RHIN, SCHNETZLER Emmanuel, 21 ans, étudiant.

NORD, JANON David, 18 ans, lycéen.

CHARENTE, ANGOULÊME, HOURNAU Corinne, 22 ans, étudiante.   21

VAR, BARRÉ Denise, professeur.

PARIS, MÉTRO, GUARINO Franck.

AVEYRON, GALTIER Frédéric, 18 ans, étudiant. ▷

PARIS, LES HALLES, DURAND Emmanuelle, 20 ans, étudiante.

PARIS, LE CLERC Bernard, 32 ans, rédacteur.

SAVOIE, CLAPPIER Roger, 30 ans, moniteur de ski.

SEINE-ET-MARNE, CAZENAVE Christian, 33 ans, assistant de laboratoire.

MAYENNE, GUIHARD Michel, 47 ans, animateur.

16 juin 1988, 11 heures : inauguration solennelle du Mémorial des martyrs de la Révolution hongroise de 1956, pour le trentième anniversaire de l'exécution d'imre Nagy et de ses compagnons. Au centre : Michaël Lonsdale.

PARIS, CIMETIÈRE DU PÈRE LACHAISE, KOROSI Suzanne, 38 ans, animatrice.

ALPES-MARITIMES, PÉRIGAULT Anne-Marie, 42 ans, cadre Sécurité Sociale.

PARIS, FORUM DES HALLES, BYUN Eun-Duk, 28 ans, étudiante.

MORBIHAN, COLLIAUX Michel, 48 ans, enseignant.

PARIS, BILLET Frédéric, 30 ans, instituteur.

AVEYRON, GORSKI Annie, 41 ans, infirmière.

PARIS, FOUACHE Éric, 23 ans, étudiant.

PARIS, LES HALLES, VERDEJO Ramon, 24 ans.

MARNE, GUYARD Huguette, 54 ans.

NIÈVRE, MURGER Danièle, 49 ans, comptable.

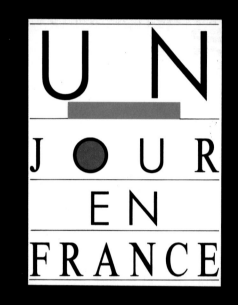

BRETAGNE, JÉRU Michel, 42 ans, employé d'assurances.

NORD, DUBOIS Aurélie, 14 ans, écolière.

ARDÈCHE, D'ABRIGEON Jean-Pierre, 52 ans, vendeur-étalagiste.

DRÔME, LIPP Steffen, 37 ans, artiste peintre.

ALLIER, THIBIER Henri.

LOT, CUSSAC Jean-Jacques, 38 ans, dessinateur industriel.

AVEYRON, CAMARÈS, SÉNÉGAS Jean-Marie, 45 ans, fonctionnaire des impôts.

VAUCLUSE, NIELLEZ Frédéric, 23 ans, tireur noir et blanc.   39

PYRÉNÉES-ORIENTALES, FAYON Jean-Claude, 43 ans, gérant de société.

NORD, DUMOULIN Philippe, 37 ans, négociateur immobilier.

◁ CÔTES-DU-NORD, CANTIN Marc, 21 ans, animateur.

CÔTE-D'OR, BAUDROT Christian, 37 ans, technicien chimiste.

INDRE, BARRAGE D'ÉGUZON, NIEL Marcel, 40 ans, notaire.

PYRÉNÉES-ORIENTALES, ANGLÉS Jean-Michel, 28 ans, dessinateur.

HAUTES-PYRÉNÉES, DASTUGUE René, 75 ans, retraité.

MEUSE, BLACKBOURN Richard, 41 ans, enseignant.

CHARENTE, GUEMICHE Geneviève, 30 ans, aide-soignante.

ALPES-MARITIMES, MENTON, GIÉ Jean.

PAS-DE-CALAIS, WALCZAC Chantal, 23 ans, aide comptable.

YVELINES, GUYNET Jérôme, 35 ans, architecte.

DRÔME, BRANDALISE Alain, 43 ans, peintre.

TARN, MAILLET Gilles, 34 ans, attaché de direction.

HAUTES-ALPES, URBAN-CAJAL Philippe, 26 ans, sans profession.

ALPES-MARITIMES, PARC DU MERCANTOUR, ALEXIS Dominique, 29 ans, ingénieur.

ARDENNES, PICART Caroline, 21 ans, étudiante.

HAUT-RHIN, FLEITH Jean-Luc, 32 ans, instituteur.

VENDÉE, ROBIN Jean-François, 23 ans, magasinier-vendeur.

VAR, HOUZÉ Frédéric, 22 ans, vendeur.

◁ LOIRE-ATLANTIQUE, CAHAREL Philippe, 32 ans, pupitreur.

OISE, COEVOET Alain, 34 ans, comptable.

AIN, SKAMANGA Cléo, 46 ans.

CÔTES-DU-NORD, DUFOUR André, 59 ans, retraité.

BOUCHES-DU-RHÔNE, BÉRENGER Marie-Pierre, 18 ans, étudiante.

YVELINES, VERSAILLES, PLACET Christine, 31 ans, secrétaire.

FINISTÈRE, LA TORCHE, PENNEC Jean-Marc, 26 ans, ambulancier.

NORMANDIE, PAURON Jean, 26 ans, ouvrier joaillier.

FINISTÈRE, SENI Thierry, 24 ans, marin d'État.

DRÔME, MICHEL Christophe, 26 ans, commercial.

MAINE-ET-LOIRE, PANCHÈVRE Yves, 54 ans, ouvrier horticulteur.

LOIRE-ATLANTIQUE, FERRAND Lucie, 26 ans, employée communale.

FINISTÈRE, RENARD Jean, 38 ans, médecin.

VENDÉE, THION François, 32 ans, instituteur spécialisé.

MANCHE, DIELETTE, WALLOIS Dominique, 36 ans, dessinateur.

SEINE-MARITIME, VERET Arnaud, 15 ans, étudiant.

MAINE-ET-LOIRE, LECOZ Éric, 18 ans, étudiant.

VAL-DE-MARNE, LECAPLAIN Philippe, 26 ans.

MAYENNE, ROBERT Alain, 32 ans, enseignant.

HAUTE-SAVOIE, DELCLEVE Marcel, 69 ans, retraité.

PYRÉNÉES-ORIENTALES, ÉTANG DE SALSES, BACHES Alexandre, 68 ans, retraité.

TARN, SÉNÉGAS Ginette, 36 ans, sans profession.

MEURTHE-ET-MOSELLE, PONT-À-MOUSSON, PERRUCHOT Michèle, 40 ans, secrétaire.

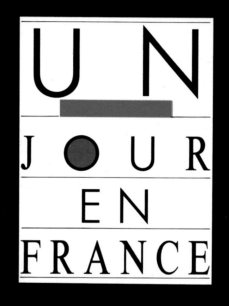

ALPES-MARITIMES, BRONIARSKI Jean.

ILLE-ET-VILAINE, VAUCHER Emmanuel, 25 ans.

FINISTÈRE, DELVAL Philippe, 25 ans, représentant.

PARIS, PUREN Pierre, 43 ans, informaticien.

PYRÉNÉES-ATLANTIQUES, LIENHART Thierry, 29 ans.

SEINE-MARITIME, LAMBERT Muriel, 32 ans, sans profession.

ALPES-DE-HAUTE-PROVENCE, LAMBERT Marc, 32 ans, chargé de mission.

◁ VOSGES, RABOUËL Françoise, boulangère à Pantin.

HAUTE-SAVOIE, LOUVRIER Thierry, 23 ans, cuisinier.

HAUTE-SAÔNE, INVERNIZZI Valéria, 26 ans, secrétaire.

PARIS, GUÉGUEN Dominique, 29 ans, chauffeur.

PARIS, BOUCHARLAT Pierre-Yves, 20 ans, étudiant.

SAÔNE-ET-LOIRE, NAULIN Robert.

LOIR-ET-CHER, CHAMBORD, STUCKI Christian, 27 ans, architecte ETS.

LOIRE-ATLANTIQUE, CHAGNON Dominique-Marie, 39 ans, anesthésiste.

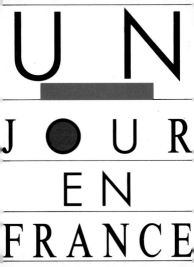

UN
JOUR
EN
FRANCE

PARIS, LE PIPE Pascal, 25 ans, commercial.

DOUBS, MARAUX Denis, 22 ans, étudiant.

PARIS, MUSÉE D'ORSAY, de SPENS Renaud, 17 ans, étudiant.

LOT, BRISSAUD Élisabeth, 37 ans, employée de banque.

RHÔNE, MIRMAND Gilles, 27 ans, attaché commercial.

SARTHE, LARANGÉ Christine, 24 ans, sans profession.

HAUTE-SAVOIE, BARBERA Caroline, 17 ans, lycéenne.

AIN, CLERC Bernard, 44 ans, mécanicien mouliste.

BOUCHES-DU-RHÔNE, BRUGIER Éric, 26 ans, tireur couleur.

PARIS, BASTIEN Bernard, 55 ans, agent commercial.

PARIS, GOUSSE François, 40 ans, enseignant.

YVELINES, VAN MILEGHEM Grit, 35 ans, secrétaire de direction.

VAL-D'OISE, PARDO Jean-Charles, 30 ans, agent de réservations.

◁ HAUTE-GARONNE, CANCIANI Bernard, 26 ans, agent de voyages.

RHÔNE, LYON, CROUTON Thierry, 30 ans, pharmacien.

BAS-RHIN, LÉVY Louise, 57, ans, sans profession.

TARN, CASTRES, DUCHAMP Bruno, 37 ans, agent technique.

RHÔNE, BÉRANGER Marie-France, 39 ans, secrétaire.

RHÔNE, LYON, BLONDON Hervé, 19 ans, étudiant.

RHÔNE, GUIGNARD Patrick, 39 ans, technicien.

ALPES-MARITIMES, CANNES, HICKS Geneviève, 33 ans, hôtesse.

PARIS, LA DÉFENSE, MEYER Hubert, 41 ans, dessinateur.

HAUTE-GARONNE, TOULOUSE, CANS Séverine, 15 ans, collégienne.

ALPES-DE-HAUTE-PROVENCE, GRIMAND Pascal, 19 ans, sans profession.

BOUCHES-DU-RHÔNE, ROSSI René, 35 ans, marin.

LOIRE-ATLANTIQUE, LE MONNIER Didier, 29 ans, ouvrier.

PARIS, TOUR EIFFEL, FEHLMANN Jean, 62 ans, directeur.

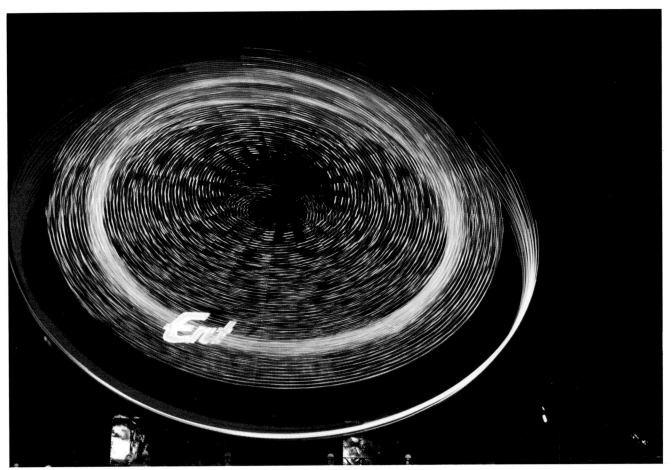

PARIS, OCHOA Céline.

NORMANDIE, L'AIGLE, COUTY Marie-Josée, 24 ans, étudiante.

NORD, LESAGE André, 38 ans, employé P.T.T.

GIRONDE, SAINT-ÉMILIEN, CORTINA Michel, 58 ans, employé de banque.

PARIS, VALLERY Christian, 28 ans, employé de bureau.

◁ NORD, CHAINTREAU Marc, 39 ans, technicien.

PARIS, BÉNIGNO Hélène, 34 ans, professeur d'éducation physique.

PARIS, BALLY François, 31 ans, chirurgien-dentiste.

NORD, GLASIER Christopher, 25 ans, publicitaire.

LA RÉUNION, SAINT-DENIS, DEMUYTER Jean-Michel, 24 ans, fonctionnaire.

CORSE DU SUD, LES SANGUINAIRES, GALLONI d'ISTRIA Eugène, 50 ans, ingénieur.

VAR, FRETILLE Valéria, 24 ans, sans profession.

MEURTHE-ET-MOSELLE, CHOQUENET André, 27 ans, chimiste.

LANDES, FAURIE Christian, 50 ans, agent technique.

GIRONDE, BORDEAUX, CORTINA Janine, 54 ans, secrétaire.

PYRÉNÉES-ORIENTALES, EHRHART Léon, 47 ans, professeur de cuisine.

CALVADOS, HONFLEUR, FAURE Fernand, 55 ans, journaliste.

HAUTS-DE-SEINE, DHELENS Franck, 26 ans, cadreur cinéma.

FINISTÈRE, REIFFSTECK Laurent, 22 ans, étudiant.

PARIS, CHANTELOUP Olivier, 24 ans, fonctionnaire.

PARIS, BARBU Suzanne, 34 ans, sans profession.

HAUTE-GARONNE, MESSAGER Frédéric, 26 ans, demandeur d'emploi.

PARIS, BERNARD Pierre, 41 ans, compositeur de musique.

PARIS, RUE DE LAPPE, BABEY Marie-Françoise, 38 ans, journaliste.

LOIR-ET-CHER, WOJACZEK Stéphane, 23 ans, sans profession.

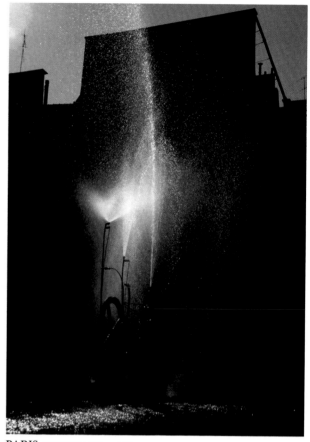

PARIS, DESCHAMPS Pascal, 28 ans, sans profession.

PARIS, MEDAWAR Francine, 25 ans, comptable.

VIENNE, POUPOMMOT Thierry, 17 ans, étudiant.

DEUX-SÈVRES, THOMAS Simonne, 46 ans, secrétaire.

NORD, DUNKERQUE, PODDEVIN François, 24 ans, étudiant en médecine.

ALPES-MARITIMES, NICE, BONAVIA Marcello, 24 ans, employé.

PARIS, GARE SAINT-LAZARE, RIO Louis, 50 ans, instituteur.

SEINE-MARITIME, HAHUSSEAU Denis, 35 ans, conducteur de travaux.

U N

J O U R E N

FRANCE

VAUCLUSE, RECORDIER Isabelle, 24 ans, mère au foyer.

ILLE-ET-VILAINE, DELALANDE Jean-Claude, 26 ans, rédacteur assurance.

BOUCHES-DU-RHÔNE, SCHROEVERS Mathilde, 27 ans, responsable commercial.

BOUCHES-DU-RHÔNE, GASQUET Pierre.

SEINE-ET-MARNE, ÉNARD Laurent, 29 ans, infirmier.

TARN, CHÂTEAU DE POUDÉOUS, MAZIÈRES Brigitte, 35 ans, enseignante.

BOUCHES-DU-RHÔNE, JULIEN Jean-Claude, 28 ans, masseur kinésithérapeute.

PARIS, BUTON André, 28 ans, technicien de maintenance.

VAR, FILLET Jean-Marc, 23 ans, employé de bureau.

GARD, SARRAN Robert, 42 ans, dessinateur.

PARIS, LAURENT Jean, 76 ans, retraité.

LOT, ARNAUD Xavier, 39 ans, assistant technique équipement.

ALPES-DE-HAUTE-PROVENCE, MULLER Florence, 17 ans, lycéenne.

MOSELLE, DEHNE Jean, 40 ans, chef de rayon.

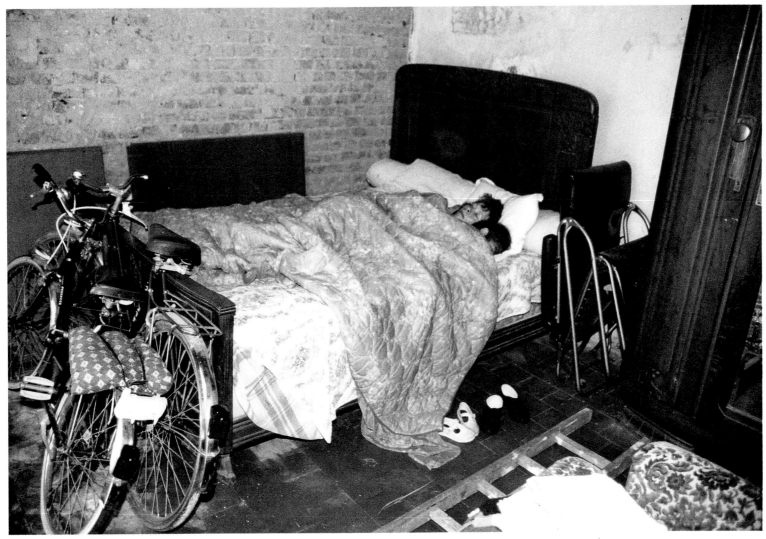

SEINE-MARITIME, LENORMAND Daniel, 41 ans, poète.

PARIS, FALGERAG Pierre, 49 ans, coursier.

YVELINES, MORTEYROL Jocelyne, 37 ans, sans profession.

CALVADOS, PIWTORAK Gérard, 30 ans, enseignant ▷

ARDÈCHE, GESLAIN Nathalie, 23 ans, vendeuse.

PARIS, de MONTENON Agnès, 20 ans, étudiante.

PARIS, KAMPHUIS Katja, 30 ans, enquêtrice.

MEURTHE-ET-MOSELLE, GUILLOU Philippe, concepteur rédacteur publicitaire.

BOUCHES-DU-RHÔNE, LES SAINTES-MARIES-DE-LA-MER, FEBVRET Violaine, 30 ans, décoratrice.

PARIS, GONTIER Hélène, 25 ans, professeur d'histoire.

BOUCHES-DU-RHÔNE, CHARANÇON Didier, 20 ans, sans profession.

LOIRE-ATLANTIQUE, MORTEYROL Michel, 43 ans, gérant de société.

BOUCHES-DU-RHÔNE, BERNARDI Jacqueline, 42 ans, directrice artistique radio.

RHÔNE, LYON, VOCINO Anne-Marie, 28 ans, secrétaire.

PARIS, COOK Francesca, 22 ans, étudiante.

LANDES, CARDOSO Michel, 31 ans, étudiant.

ALPES-MARITIMES, PÉRIGAULT Christian, 44 ans, conducteur de travaux.

PYRÉNÉES-ATLANTIQUES, BORDERIE Christine, 35 ans.

PARIS, MOUCHET Raymond, 60 ans, retraité.

YONNE, AUXERRE, CHÂTELAIN Max, 52 ans, psychothérapeute.

PARIS, MAYEUX Étienne, 34 ans, comptable.

PARIS, QUETINEAU Franck, 23 ans, étudiant en architecture.

SARTHE, JOUBAULT Valéry, 18 ans, étudiant.

INDRE-ET-LOIRE, CÉRÉLIS Jean-Louis, 26 ans, autoclaviste.

HAUTS-DE-SEINE, CHÂTILLON-SOUS-BAGNEUX, VERMEULEN Alain, 30 ans, technicien.

JURA, DURAND Anny, 42 ans, mère de famille.

YONNE, CASTEL Bernadette, 40 ans, agent immobilier.

PARIS, BIYAHMADINE Nabil, 23 ans, étudiant.

MANCHE, SIMONNE Brigitte, 30 ans, sans profession.

RHÔNE, LYON, DESBRIÈRES Gilles, 24 ans, chauffeur.

◁ VAUCLUSE, POIRIER Didier, 30 ans, démonstrateur-vendeur.

VAUCLUSE, SAEZ Victor, 22 ans, sans profession.

HAUTES-PYRÉNÉES, LIMA Charles.

CHARENTE-MARITIME, OLÉRON, PEYROT Jean, 35 ans, magasinier.

HÉRAULT, GAREST Josette, 40 ans, fonctionnaire.

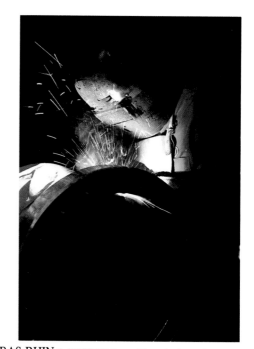

BAS-RHIN, LANGELIER Bruno, 32 ans, dessinateur industriel.

SOMME, LACAMBRE Michel, 56 ans, conducteur de travaux.

ALPES-MARITIMES, HALGAND Philippe, 32 ans, médecin.

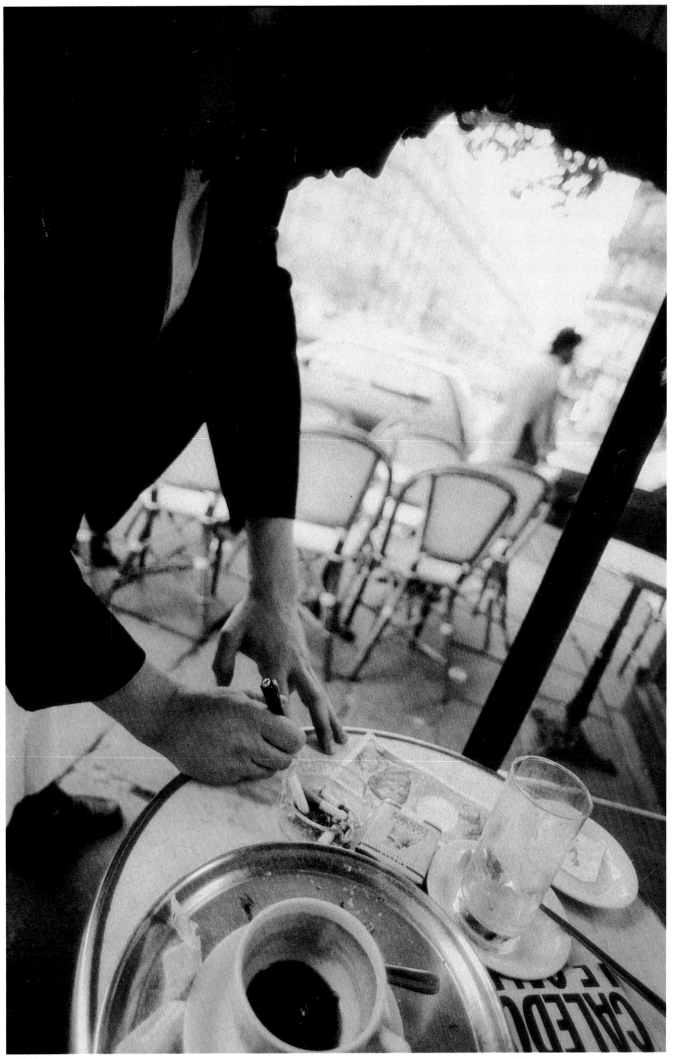

PARIS, de BASCHER Xavier, 34 ans, designer.

TARN-ET-GARONNE, BRUNIQUEL, FONTANA Richard, 38 ans, artisan chaisier.

HÉRAULT, TISSIER Marcelle, 60 ans, sans profession.

DORDOGNE, DUSSAC, DUPUY Jacques, 32 ans, agent SNCF.

MORBIHAN, ÎLE DE GROIX, YVON Marc, 42 ans, mécanicien.

ALLIER, AUBOIRON Jacky, technicien France Télécom.

HAUTE-CORSE, LE MOIGNE Ann, 23 ans, au chômage.

PAS-DE-CALAIS, DELELIS Élisabeth, 20 ans, étudiante.

PARIS, GARE MONTPARNASSE, BUGNY Jean-Claude, 43 ans, rédacteur.

PARIS, TOUR EIFFEL, SPRUNG Samuel.

◁ PARIS, DOMENGE Thierry, 25 ans, étudiant.

LOIRE-ATLANTIQUE, KERJOUAN Laurence, 23 ans, secrétaire.

PARIS, GUICHETEAU Nicolas, 18 ans, étudiant.

HAUTE-LOIRE, FALGON Sandra, 16 ans, lycéenne.

YVELINES, LAILLET Hubert, 31 ans, enseignant.

SARTHE, ALLARD Thierry, 28 ans, opérateur.

FINISTÈRE, PORT D'AUDIERNE, ROSPABÉ Pierre-Yves, 33 ans, cadre de banque.

LOIRE, LIOGIER Émile, 73 ans, retraité de l'enseignement.

LANDES, PHULPIN Yannick, 20 ans, étudiant.

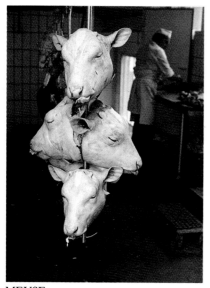

LOT, VAYSSIÈRES Francine, 43 ans, information.

MEUSE, MORIN Guy, 32 ans, préparateur en pharmacie.

HAUTES-PYRÉNÉES, LOURDES, ZUCCANTE Luigi.

GARD, SINIC Sébastien, 13 ans, écolier.

LOIR-ET-CHER, GREFFET Lionel, 55 ans, projeteur.

PARIS, SOULARUE Jean-Louis, 45 ans, publicitaire.

PYRÉNÉES-ORIENTALES, HOWARTH Robert, 42 ans, enseignant.

HAUTS-DE-SEINE, MATÉO Gérard, 29 ans, ouvrier d'entretien.

PARIS, GARCIA André, 56 ans, commerçant.

PARIS, SPRUNG Olivier, 28 ans, fourreur.

ILLE-ET-VILAINE, RENNES, DORER Georges, 58 ans, fonctionnaire.

LOIRE-ATLANTIQUE, DELAVAULT Monique, 55 ans, mère de famille.

ALPES-DE-HAUTE-PROVENCE, GUIRAMAND Fabienne, 15 ans, lycéenne.

GIRONDE, FOURNIER Jean-Pierre, 50 ans, chirurgien.

MANCHE, GISCLARD Jacques, 32 ans, fonctionnaire.

PARIS, KORSAK Wojtek, 30 ans, étudiant.

BOUCHES-DU-RHÔNE, LOSIO Fabio, 17 ans, étudiant.

JURA, SAMPERS André, 26 ans.

BOUCHES-DU-RHÔNE, MARSEILLE, BOUFFIL Christophe, 18 ans, lycéen.

179

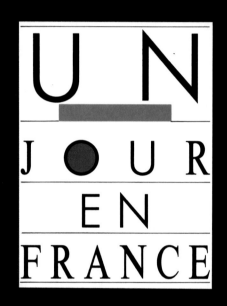

DOUBS, MAILLOT Gisèle, 42 ans, ouvrière de filature.

YVELINES, LECLERC Christophe, 21 ans, étudiant.

BOUCHES-DU-RHÔNE, SALIN DE GIRAUD, REYGNER Gérard, 33 ans, employé de banque.

VAL-DE-MARNE, SAULOUP René, 36 ans, régisseur de théâtre.

◁ PARIS, THIÉBLEMONT Franck, 24 ans.

OISE, CHANTILLY, LETURCQ Jean-Claude, lad-jockey.

VAL-DE-MARNE, MARNE-LA-VALLÉE, THAI A., 40 ans, ingénieur.

PARIS, HERKENNE Jean-Paul, 65 ans, technicien du froid.

CÉVENNES, ANDUZE, LEFÈVRE J., 30 ans, infirmier.

ALPES-MARITIMES, SAÏSSI Gilles, 31 ans, projectionniste.

LOT-ET-GARONNE, MERCERON Alain, 30 ans, agriculteur.

LANDES, DELAPORTE Marine, 32 ans.

PUY-DE-DÔME, LABOURIER Jean-Claude, 41 ans, dessinateur.

VENDÉE, PAJOT Jean, 74 ans, retraité.

ALPES-MARITIMES, PERRON Francine, 31 ans.

BOUCHES-DU-RHÔNE, AIX-EN-PROVENCE, CLAUZON Philippe, 26 ans, maquettiste.

LOIRET, LEVEEL Jérôme, 19 ans, étudiant.

MAINE-ET-LOIRE, SAMSON Sandrine, 24 ans, coiffeuse.

SEINE-SAINT-DENIS, CANAL DE L'OURCQ, DEPAIX Patrice, 30 ans, CT PTT.

MAYENNE, FRETIGNÉ David, 17 ans, étudiant.

JURA, PERTON Yves, 35 ans, instituteur éducateur.

ILLE-ET-VILAINE, CEILLIER Patrick, 41 ans, documentaliste.

CHER, VANNEAU Pascal, 32 ans, technicien.

PARIS, BAHRAMBEYGUI Mehdi, 38 ans, graphiste.

BOUCHES-DU-RHÔNE, MONTAGNE SAINTE-VICTOIRE, TIRMARCHE Réjane, 39 ans, sans profession.

SEINE-SAINT-DENIS, PUCES DE SAINT-OUEN, MISSIO Jean, 53 ans, souffleur de verre.

SAVOIE, MAILLARD Sabine, 48 ans, agent hospitalier.

INDRE-ET-LOIRE, CHINON, DESBORDES Annick, 30 ans, enseignante.

PARIS, TROCADÉRO, PAUL Serge, 60 ans, sans profession.

HAUTES-ALPES, REGORD Guy, 45 ans, gérant de société.

PUY-DE-DÔME, STINUS Laurent, 23 ans, étudiant.

FINISTÈRE, GUILLON Reynald, 18 ans, étudiant.

TARN-ET-GARONNE, PORTES Jean, 44 ans, instituteur.

206

PARIS, JARRIGE Thierry, 23 ans, électricien.

YVELINES, VERSAILLES, THIEULIN Laurent, 27 ans, professeur.

VAUCLUSE, MAZARS Guy, 42 ans, technicien P.T.T.

ALLIER, LAUREMBOURLE Sébastien.

MEUSE, LEBLANC Jean-Luc, 37 ans, kinésithérapeute.

CHARENTE-MARITIME, DUPONT Maurice, 46 ans, professeur.

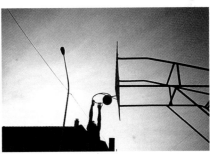

ESSONNE, METCHEDE Olivier, 20 ans, étudiant.

YVELINES, SMOLIKOWSKI Didier, 30 ans, enseignant.

SARTHE, CHERRIER Gérard, 39 ans, imprimeur.

HAUT-RHIN, HAÏLLANT Michel, 64 ans, retraité.

PAS-DE-CALAIS, LE TOUQUET-PARIS-PLAGE, FLAMANT Daniel, 40 ans, gendarme.

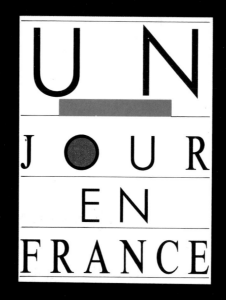

ESSONNE, BIÉBUYCK Odile, 21 ans, documentaliste.

PARIS, BOUSSAC Marie-Andrée, 45 ans, négociatrice.

PARIS, MARIOLLE Michel, 35 ans, agent de voyages.

FINISTÈRE, PRIGENT René, 42 ans, enseignant.

YONNE, NOGUÉ Joëlle, 33 ans, secrétaire commerciale.

TARN, CALMETTES Suzanne, 62 ans, retraitée.

PYRÉNÉES-ORIENTALES, DUBOUÉ Christine, 36 ans, réceptionniste.

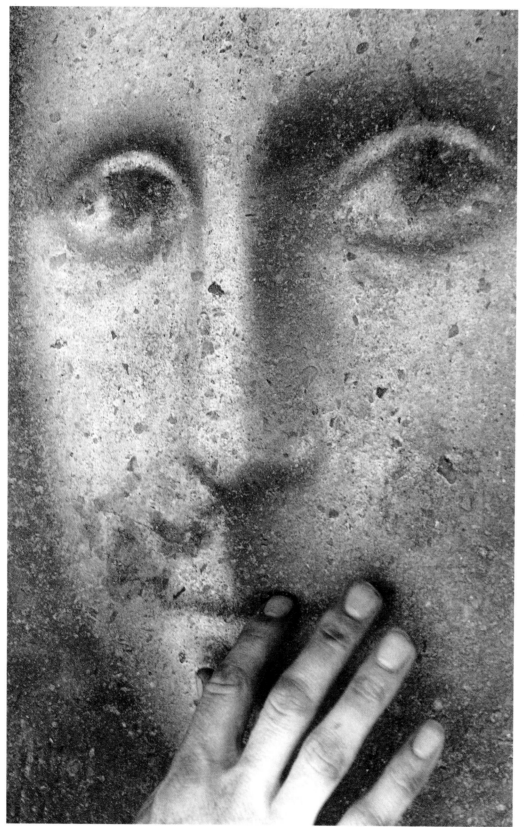

PARIS, LE LOUVRE, BOUTIN François, 29 ans, écrivain.

◁ YVELINES, MACHÉO Olivier, 31 ans, programmeur.

PYRÉNÉES-ORIENTALES, DOMINGO Thierry, 25 ans, employé P.T.T

MEURTHE-ET-MOSELLE, DAVID Kris, 26 ans, instituteur.

PARIS, GANI Muriel, 22 ans, étudiante.

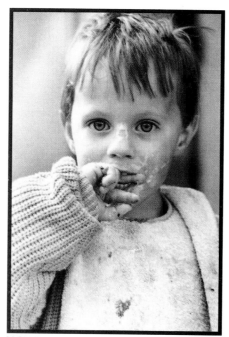

NORD, CHARLES Éric.

SOMME, HERVET Bernard, 37 ans, technicien.

PYRÉNÉES-ATLANTIQUES, CAZENAVE Marianne, 28 ans, étudiante.

GERS, SAINT-PIERRE Sophie, 20 ans, étudiante.

PARIS, CHAMPS-ÉLYSÉES, SADURSKA Ewa, 30 ans, psychologue.

CHER, GUÉNEAU Pulchérie, 19 ans, sans profession.

VAUCLUSE, CHANTELOUP Franck, 15 ans, lycéen.

PARIS, ISTORICK Élisabeth, 25 ans, maquettiste.

DORDOGNE, CONSTANZER Michel, 40 ans, coiffeur.

CALVADOS, PAROLA Éric, 29 ans, gendarme.

ILLE-ET-VILAINE, DEREUDRE Marie-Anne, 24 ans, laborantine.

PARIS, PATUREAU Éric, 17 ans, lycéen.

PARIS, FEYBESSE Éric, 23 ans, sans profession.

225

SAÔNE-ET-LOIRE, GUYOT Julien, 66 ans, retraité.

MARNE, PRÉLOT Hervé, 22 ans, éducateur.

INDRE-ET-LOIRE, DATIN Cyrile, 28 ans, employée notariat.

BAS-RHIN, SCHLAEDER Justine-Sophie.

BOUCHES-DU-RHÔNE, LAUZERO Marie-Christine, 30 ans, femme au foyer.

EURE-ET-LOIR, PASSANI Vincent, 17 ans, lycéen.

◁ HAUTE-SAVOIE, SECO Caroline, 30 ans, publiciste.

RHÔNE, ROIRON Frédéric.

CHARENTE-MARITIME, CORBEL Thierry, 31 ans, décorateur étalagiste.

LOT, HOCINE René, 36 ans, chauffeur de poids lourds.

AIN, JORDAN Marie-France.

LOIRET, SANTUS Robin, 25 ans, pharmacologiste.

ALLIER, GARITAT Pascal, 26 ans, exploitant agricole.

NIÈVRE, CHAPELET Catherine, 34 ans, employée de banque.

MAINE-ET-LOIRE, ANGERS, OUDET Stéphane, 20 ans, étudiant.

SAÔNE-ET-LOIRE, COULON Hélène, 47 ans, agricultrice.

PARIS, VINOT Jacques, 46 ans, informaticien.

BAS-RHIN, GOETZ Freddy, 33 ans, professeur de musique.

GERS, BOUTONNET Roland, 42 ans, électronicien.

SEINE-ET-MARNE, POLLION Jacqueline, 62 ans, sans profession.

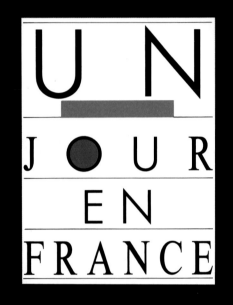

HAUTS-DE-SEINE, RIVES Janine.

VAR, BOGHOSSIAN Guy, 35 ans, dentiste.

JURA, SAMPERS Muriel, 25 ans, comptable.

CÔTE-D'OR, MATHIAUT Jean, 40 ans, professeur.

VAL-D'OISE, GARGES-LES-GONESSE, BOGHOSSIAN Nina, 65 ans, retraitée.

TARN, TRÉMOULET Juliane, 20 ans, étudiante. ▷

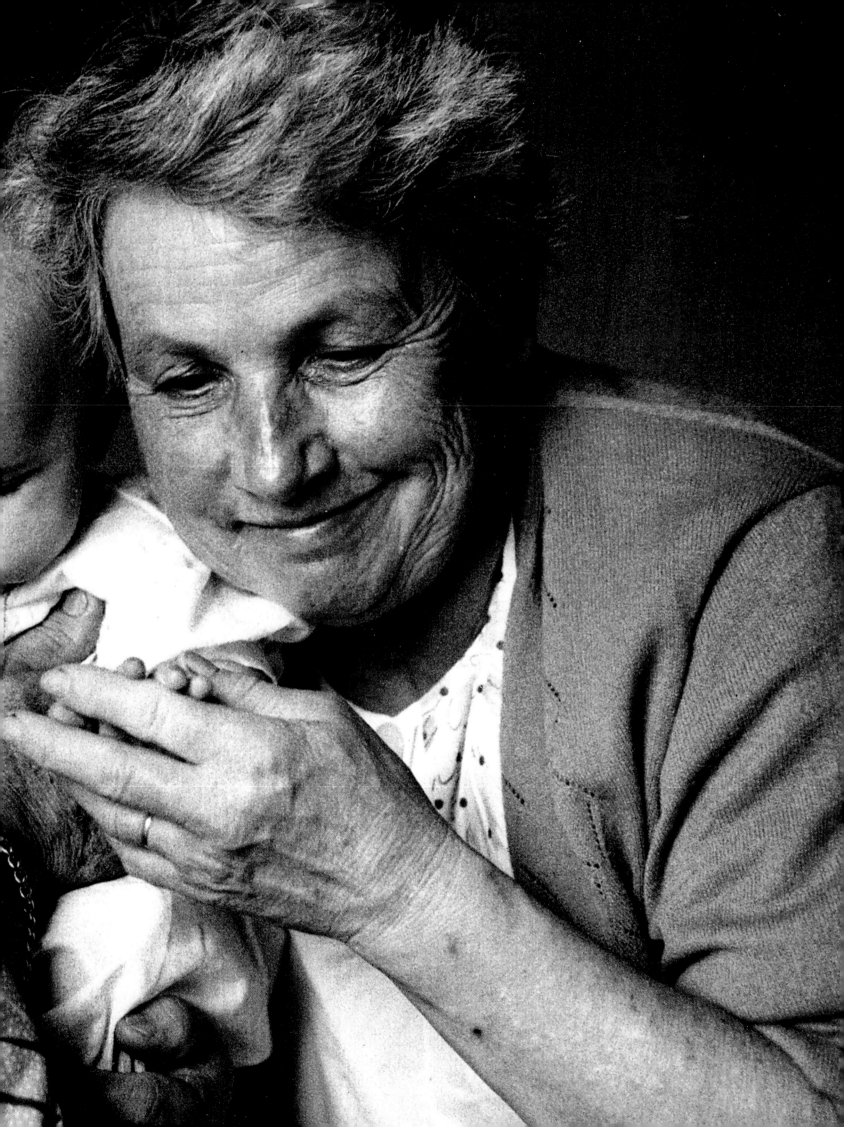

HAUTE-GARONNE, SOUBIRAN Gérard, 36 ans, enseignant.

MEURTHE-ET-MOSELLE, THIÉBAUT Philippe, 29 ans, délégué commercial.

PAS-DE-CALAIS, MARTIN Florent, 27 ans, livreur.

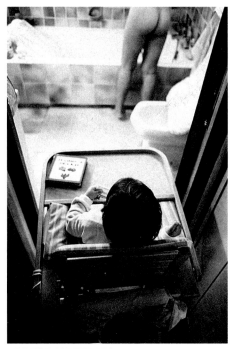

ALPES-MARITIMES, VIQUERAT Yves, 30 ans, enseignant.

HÉRAULT, ANDRÉO Patricia.

PARIS, BUGNY Yoann, 17 ans, etudiant.

PARIS, MAS Lydia.

NORD, COSSEMENT Christine.

PARIS, PORT DE L'ARSENAL, VUILLEMENOT Pierre, 24 ans, décorateur.

PARIS, ROCHE Sophie, 25 ans, pharmacienne.

REMERCIEMENTS

Nous remercions toutes les personnes qui ont participé au concours et qui n'ont malheureusement pas été lauréates.

Nous tenons tout particulièrement à remercier :

Les membres du jury
pour leur disponibilité et la qualité de leur jugement.

Les différentes entreprises qui ont apporté leur concours indispensable à l'opération UN JOUR EN FRANCE et notamment :
Marie-Catherine Leroy
René Develay
Bruno Baudry
de FUJI FILM France
Roger Thérond
et la rédaction de
PARIS-MATCH
Louis Bériot
Alain Valentini
et les animateurs
d'ANTENNE 2
Jacques Lehn
Jean-Pierre Ozannat
Bruno Dalle
et la rédaction
d'EUROPE 1
Michel Decron
et la rédaction de
PHOTO
Emmanuel Le Roy Ladurie
et les différents services de
la BIBLIOTHÈQUE NATIONALE
Maître Agnus et Maître Pollet pour leur contrôle.

Tous les membres de l'équipe de réception et de tri des photos ainsi que les services généraux d'HACHETTE/VANVES pour les avoir accueillis.

Direction artistique
FRANÇOIS HUERTAS
assisté de
Philippe Pierrelée

Coordination technique et éditoriale
JEAN ARCACHE
assisté de
François Besse et Alain Roumagnac pour l'organisation
Aline Dialinas et Anne Van Doorn pour les textes et les légendes
Christian Schwartz et Frédéric Morellec pour le tri des photos

Relations Presse : Le Desk

Composition : 5 OFF 7
Photogravure : Digamma
Achevé d'imprimer
sur les presses de l'imprimerie Maury à Malesherbes
Reliure : AGM Forges-les-Eaux
Dépôt légal n° 191 — octobre 1988
ISBN : 2.85108.574.3
34/0737/6